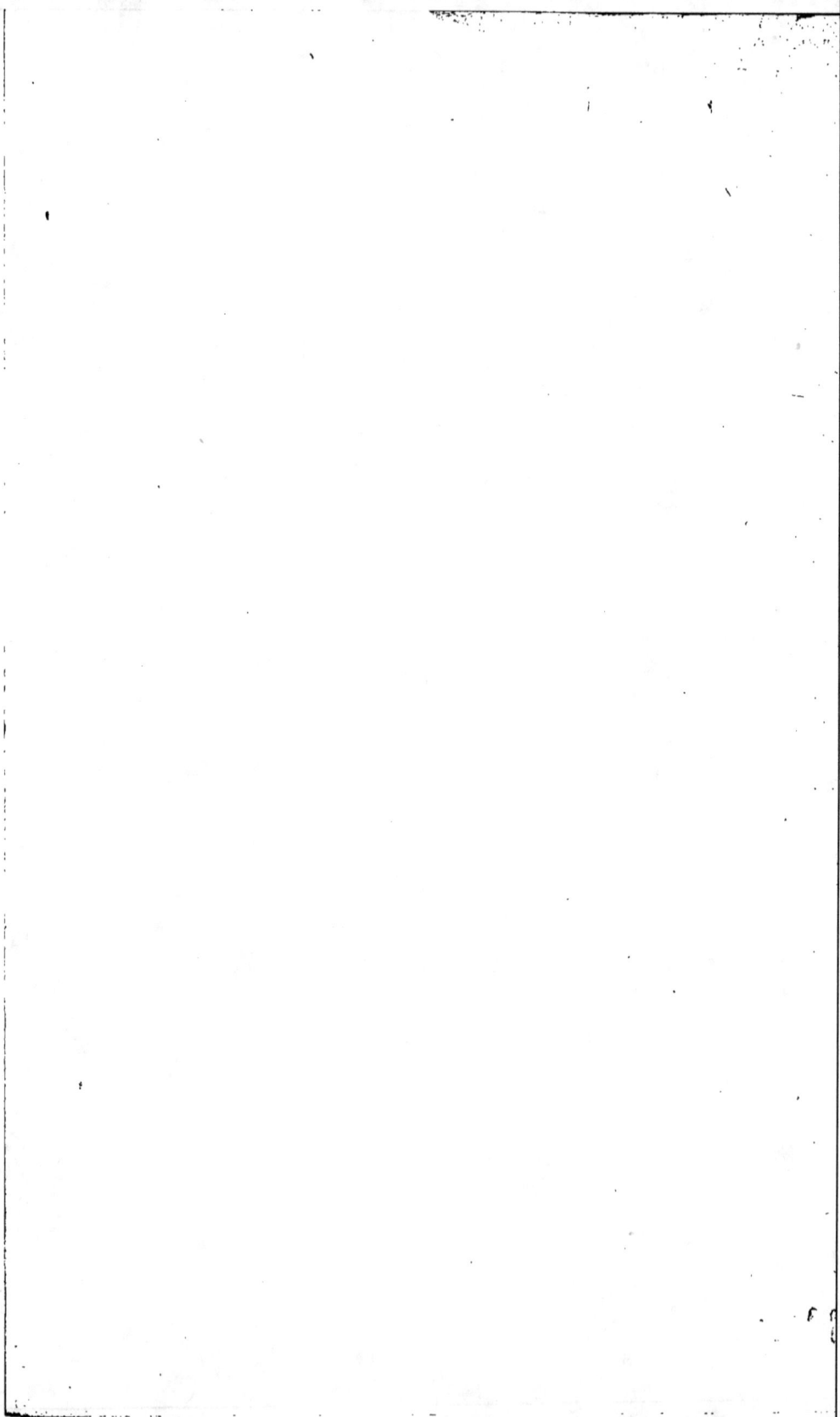

COMITÉ

DE SECOURS

DE GANNAT

Clôture des Opérations

GANNAT
IMPRIMERIE DIDIER REDBOÛRG
GRANDE-RUE

1872

Procès-Verbal de l'Assemblée générale du 24 décembre 1871.

Le 24 décembre 1871, à deux heures du soir, un certain nombre de souscripteurs et adhérents au Comité de Secours se sont réunis, en assemblée générale, avec les membres du Comité, dans la salle de la Mairie, sous la présidence de M. Adrian, maire de Gannat.

M. le Maire déclare la séance ouverte et donne la parole à M. Bernard, président du Comité, pour faire à l'assemblée le rapport des travaux effectués par le Comité depuis sa création et présenter le compte final des recettes et des dépenses.

Lecture de ce rapport ayant été donnée immédiatement, M. le Maire propose d'abord à l'assemblée de déclarer que le Comité ayant rempli son mandat avec un entier dévouement, il y a lieu : 1o d'adresser des remerciements à tous ses membres en général et en particulier à son président, dont le zèle ardent et l'esprit d'initiative ont largement contribué au succès de l'œuvre, et 2o de leur donner à tous un témoignage public de satisfaction en en consignant l'expression dans le procès-verbal de la présente séance. Il ajoute que la Société française de secours aux blessés, s'inspirant du sentiment qu'il vient d'indiquer, a devancé ce témoignage de satisfaction en donnant à M. Bernard, sur la demande du Comité de Moulins, le ruban blanc et la croix de bronze, insignes de la Société, en récompense des services par lui rendus pendant la guerre, comme président du Comité de Gannat.

Il propose en second lieu d'approuver tous les travaux du Comité ainsi que le compte des recettes et des dépenses tel qu'il est inséré dans le rapport.

Il invite enfin l'assemblée a délibérer sur l'emploi à donner à la somme de 545 fr. 89 c. restée disponible entre les mains de M. le Trésorier.

Sur quoi, l'assemblée, à l'unanimité, déclare s'associer aux sentiments exprimés par M. le Maire tant à l'égard du Comité qu'envers son président, et approuver complétement le compte des recettes et des dépenses présenté dans le rapport.

Et, en ce qui concerne la destination à donner aux fonds restant en caisse, acceptant la proposition du Comité, l'assemblée autorise M. le Président ou M. le Trésorier à prendre, jusqu'à concurrence de ladite somme, des billets de la loterie organisée en faveur des veuves et orphelins de la guerre.

sous la présidence de Mme Thiers, sauf au Comité à employer ultérieurement, au profit des œuvres charitables de Gannat, les lots qui pourraient lui échoir.

Ces décisions prises, M. le Maire a prononcé la clôture de la séance.

Pour copie conforme :

LE SECRÉTAIRE,

DEPEIGES.

RAPPORT

présenté par M. Th. Bernard,
président du Comité.

———

MESSIEURS,

Dans les premiers jours du mois d'août 1870, c'est-à-dire au début de cette guerre désastreuse qui a fait verser tant de larmes et amoncelé tant de ruines dans notre chère France, une souscription nationale fut ouverte par la presse française en faveur des futures victimes de la guerre. Cette initiative si opportune ne resta pas longtemps sans écho dans notre ville :

Le 8 août 1870, sous l'impulsion de M. Adrian, l'honorable chef de notre municipalité, les adhérents à la souscription nationale, réunis en assemblée générale, élurent un Comité composé de MM. Bernard, président, Guyot-Doër, trésorier, Depeiges, secrétaire, Choquet, Daubourg, Flauraud-Milliat, Lasteyras, Maugue, Monnet fils et Vidal.

On lui confia la mission de centraliser le produit des souscriptions, de solliciter les dons en argent et en nature et de faire ensuite emploi de ces ressources au profit

des blessés et des familles de la commune
de Gannat, privées par les dûres nécessités de la guerre de leurs soutiens naturels.

C'est au nom de ce Comité que je viens,
aujourd'hui, vous faire connaître comment
il a rempli son mandat. Dans le récit de
nos travaux, je suivrai, pour être précis,
l'ordre chonologique.

Dès le lendemain de notre installation,
nous décidâmes qu'une quête à domicile
serait organisée et que nous resterions en
permanence à la mairie pour recevoir les
dons en nature. Ces deux mesures furent
mises immédiatement à exécution. Huit
dames de la ville, accompagnées de quatre
membres du Comité, voulurent bien sui-
vre, maison par maison, tous les quartiers
et les faubourgs, ainsi que les villages de
la commune. C'étaient de pénibles courses,
mais le succès dépassa toutes les espéran-
ces : en deux jours, ces dames recueillirent
2,404 fr. 82 c., résultat magnifique, qui
témoignait tout à la fois du zèle déployé
par les quêteuses et de l'empressement de
la population toute entière à s'associer à
cette œuvre patriotique.

Vous verrez du reste, Messieurs, par la
suite de ce rapport, que pendant la durée de
nos épreuves aussi longues que cruelles, de
nombreux appels ont été faits par nous à

nos concitoyens, et que chaque fois leurs
bourses se sont ouvertes, quelques-unes
même se sont vidées dans la nôtre avec
un élan qui ne s'est jamais démenti ; chose
digne de remarque, les plus déshérités
de la fortune ne se sont pas montrés les
moins généreux. C'est ainsi que nous
avons vu, non sans émotion, de pauvres
vieilles femmes, vivant elles-mêmes de la
charité publique, verser dans la bourse de
nos quêteuses leurs derniers sous, soigneusement enveloppés dans un coin de mou-
choir. C'était tout leur trésor !... Ce que
ces sous donnés si libéralement représen-
taient d'abnégation et d'esprit de sacrifice,
qui le saura jamais? Ce que nous savons
bien, c'est que chacun d'eux, dans la ba-
lance de l'éternelle justice, pésera d'un
poids plus lourd que la plus grosse pièce
d'or.

Quant aux dons en nature, ils arrivèrent
bientôt en si grande abondance, que nous
fûmes heureux d'accepter l'hospitalité que
M. Rollier nous offrit spontanément, dans
le local appartenant à la corporation des
notaires de l'arrondissement, où nous
fîmes notre entrepôt général. C'est là
qu'un certain nombre de nos zélées coopé-
ratrices sont venues travailler durant de
longues journées, dans l'intérêt de nos
chers blessés, pendant que d'autres déplo-

yaient chez elles, dans le même but, une activité non moins méritoire. Ces doigts agiles ont fait merveille : bandes, compresses, chemises, chaussettes, etc., s'empilaient si prestement que nous pûmes, en quelques jours, faire plusieurs envois importants. Et pour laisser aux chiffres le soin de faire à nos si gracieuses et si dévouées concitoyennes un compliment éloquent qui ne puisse être soupçonné de cacher une flatterie bannale, je me bornerai à dire que les objets préparés par elles ont à peine tenu dans vingt-cinq grandes caisses, d'un poids supérieur à deux mille kilogrammes.

Indépendamment des 2,400 fr., produit de la quête, les souscriptions versées au bureau du *Journal de Gannat* avaient atteint rapidement le chiffre de 808 fr., et la municipalité nous avait alloué en outre une somme de 500 francs C'était déjà, pour notre caisse, un noyau de 3,708 francs. Désireux d'utiliser immédiatement ces ressources, tout en nous conformant aux intentions manifestées par les donateurs, nous décidâmes que cette somme et celles qui pourraient être mise ultérieurement à notre disposition seraient employées de la manière suivante : un tiers envoyé à Paris, au Comité central de la Société française de secours aux blessés ; un tiers conservé pour former un fonds de secours destiné

aux blessés ou malades qui pourraient
être dirigés sur notre ville ; et l'autre tiers
distribué aux familles nécessiteuses de la
commune, dont les soutiens avaient été ap-
pelés sous les drapeaux.

En conséquence, le 14 août, notre trésorier envoya 1,200 fr. au Comité Flavigny
et, ce même jour, commença la distribution régulière de secours aux familles de
nos soldats.

Voici le mode d'instruction et de distribution que nous avons uniformément em-
ployé :

Aussitôt qu'une demande nous arrivait,
elle était transmise au Comité qui chargeait
un de ses Membres de prendre des ren-
seignements détaillés. A la réunion suivante, sur le rapport de ce membre, le
Comité se prononçait pour ou contre l'accep-
tation et, dans le premier cas, on fixait, suivant les besoins de la famille, le nombre
et l'âge des enfants, l'allocation hebdoma-
daire en argent ou en nature qu'elle rece-
vait ensuite par l'intermédiaire de l'un
d'entre nous. Ajoutons que toutes les de-
mandes, une seule exceptée, ont été ac-
cueillies par le Comité : ce qui témoigne
de la discrétion qui a été mise dans la
sollicitation de ces secours. Admissions
et refus n'ont, du reste, fait naître au-
cune divergence entre nous, car (permet-

tez-moi, ce détail intime que je cons-
tate, seulement comme souvenir de l'u-
nion parfaite qui a régné entre les Membres du Comité), en parcourant le registre
de nos délibérations j'ai vu, non sans
un plaisir extrême, que toutes, sans excep-
tion, avaient été prises à l'unanimité.

En résumé, quinze familles ont été
secourues. L'allocation pour chacune d'elles
a varié entre 3 fr. 50 et 6 fr. par semaine.
Dans l'espace de dix mois environ, elles
ont reçu trois cent quatre-vingt-deux kilogrammes de pain, d'une valeur de 120 fr.
et 1,273 fr. en argent. C'est donc en totalité
une somme de 1,393 fr. que nous avons
répartie entre ces quinze familles.

Ces distributions fonctionnant réguliè-
rement, et un grand nombre de colis ayant
été envoyés à destination, la besogne du
Comité se trouvait grandement simplifiée,
lorsque, à la fin du mois de septembre, un
nouvel horison s'ouvrit à notre activité.

A cette époque, quelques citoyens dé-
voués s'occupaient, à Moulins, de la création d'une ambulance volante, destinée à
l'armée de la Loire. Les docteurs Trapenard
et Lorut, correspondants de ces Messieurs, nous proposèrent de devenir Sous-
Comité du Comité d'organisation. Le but
qu'on se proposait était trop excellent, il
répondait trop bien aux nécessités impé-

rieuses du moment, pour que nous pussions hésiter. Nous acceptâmes donc avec empressement cette nouvelle tâche et, désireux de rendre notre concours à l'œuvre naissante promptement efficace, nous lui fîmes un don immédiat de 500 fr.; des quêtes eurent lieu à l'église paroissiale à cette même intention, et un appel fut adressé par nous aux habitants de la ville et des campagnes environnantes, en même temps que MM. Trapenard, Lorut et Maugue se transportaient eux-mêmes dans plusieurs communes pour activer les offrandes.

Toutes ces démarches ne tardèrent pas à produire d'heureux résultats. Ici, les souscriptions abondèrent, et des communes de Broût, de Saint-Pont, d'Escurolles, d'Espinasse-Vozelle, de Charmes, de Saint-Bonnet, d'Ussel, du Mayet-d'Ecole, de Monteignet, de Saint-Remy, de Saint-Pourçain, ainsi que de la plupart des communes du canton d'Ebreuil arrivèrent des dons nombreux et variés. Aussi, dans le courant d'octobre, nous eûmes la satisfaction d'adresser, à l'Ambulance Bourbonnaise, 3,284 fr. en espèces et, en outre, trois pièces de vin, une paire de harnais, une caisse de vin bouché, une autre de liqueurs et de cigares, plus quinze colis d'un poids de neuf cent cinquante kilogrammes, contenant du linge préparé pour les pansements et de chauds vêtements indispensables aux malades.

Pendant ce temps, les évènements de la guerre avaient marché avec une foudroyante rapidité : les désastres avaient succédé aux désastres et, par suite, les malades et les blessés encombraient déjà les ambulances et les hôpitaux voisins des champs de bataille. L'autorité militaire ayant annoncé leur évacuation dans des régions plus éloignées du théâtre des hostilités, plusieurs maisons des environs ainsi que deux établissements publics de Gannat avaient offert des lits. En prévision de l'arrivée prochaine et du passage de ces intéressantes victimes de la guerre, le Comité décida, dans sa séance du 14 novembre, qu'à l'arrivée de chaque train de blessés quelques-uns de ses Membres se rendraient à tour de rôle à la gare pour leur distribuer des secours immédiats, et qu'ils se partageraient en outre la tâche de visiter ceux qui resteraient à Gannat.

Ces résolutions furent exécutées aussitôt que l'occasion se présenta.

Chaque fois que le chef de gare, M. Besse, dont le concours nous a été fort utile, a bien voulu nous signaler l'arrivée d'un convoi, des Membres du Comité se sont transportés à la gare et ont fait une ample distribution de vin chaud, de punch et autres cordiaux, dont votre inépuisable charité nous avait largement pourvus. Près de trois cents bouteilles, soigneusement

classées et conservées par M. Monnet, notre infatigable collègue, ont été successi-
vement utilisées de la sorte et croyez-le
bien, Messieurs, elles ne pouvaient recevoir une meilleure destination. Transis de
froid, brisés de fatigue, accablés par toutes les misères qu'ils avaient endurées et,
plus encore, par un profond décourage-
ment, ces malheureux faisaient pitié ; mais,
en revanche, comme ils paraissaient heureux du témoignage sensible de sympathie
que nous leur apportions en votre nom !
Les plus souffrants nous remerciaient d'un
regard expressif ; d'autres, par un simple
mot partant du cœur ; d'autres, enfin, par
des cris de « Vive Gannat ! Vive la France ! »
Ces scènes étaient vraiment touchantes.
Voilà pourquoi les Membres du Comité,
volontairement oublieux du tour de rôle,
accouraient au premier signal comme s'ils
eussent été attirés par un aimant irrésis-
tible. C'est qu'en effet, Messieurs, dans ces
temps de grandes tristesses patriotiques
on éprouvait une intime jouissance à faire
luire sur ces figures sombres et amaigries
un éclair de bonheur.

Quelques mots, maintenant, sur nos ambulances dans lesquelles une centaine de
blessés ou de malades ont séjourné suc-
cessivement du 4 décembre 1870 au 19
mars suivant, savoir : soixante-dix-huit à

l'hôpital, dix au couvent des dames de l'Immaculée-Conception, six chez le marquis de Montlaur, quatre chez M. Boudard, inspecteur des enfants assistés de la Seine, et deux chez M. Ferrand de Fontorte.

Des distributions de vin, de tabac et de cigares ont été faites par nous aux blessés en résidence à Gannat. Nous leur avons aussi procuré des livres, des journaux, des jeux de cartes et de dominos pour employer leurs loisirs ; enfin, toutes les chaussures avariées ont été réparées à nos frais et chacun d'eux a été, avant son départ, pourvu de bons et chauds vêtements.

Notre rôle devait forcément se borner à ces soins accessoires. Aux cœurs charitables qui les avaient accueillis incombait la tâche autrement importante de panser les plaies et de rétablir la santé.

Or, Messieurs, à ce point de vue, blessés et malades se sont trouvés dans des conditions excellentes. Visités chaque jour par des médecins habiles, soumis à un régime alimentaire des plus fortifiants, abondamment pourvus des petites douceurs chères aux malades, ils se sentaient bientôt réconfortés moralement et physiquement et, après quelques jours de ce régime réparateur, beaucoup d'entre eux ont été capables de concourir de nouveau à la défense de la patrie.

On ne saurait trop louer notamment le
zèle et le dévouement déployés par les re-
ligieuses de l'hôpital pour hâter leur gué-
rison. C'est dans cet établissement, en effet, que tous ont été reçus provisoirement
avant d'être dirigés sur les ambulances
particulières; c'est là que, souillés de
boue, couverts de vermine pour la plupart, ils ont reçu ces premiers soins de
propreté qui répugnent à la nature et qui
ne peuvent guère émaner que de cœurs
animés de cette flamme incomparable qui
a nom charité chrétienne.

Ajoutons, pour être juste, que partout
ils ont reçu le même accueil cordial et dé-
voué, accueil qu'un jeune zouave, l'un des
hôtes très-choyés du couvent, définissait
un jour en notre présence par ces mots
bien caractéristiques : « Nous sommes ici
comme des princes! »

Pardonnez-moi ces détails, Messieurs,
je dois vous paraître bien long; mais il est
si difficile de se taire quand l'esprit est
plein de souvenirs.

C'est ainsi que je croirais manquer à
l'équité, si je ne terminais ce paragraphe
relatif aux ambulances par un remercie-
ment spécial à M. Depeiges, l'excellent
économe de l'hôpital qui, non content de
prendre une part active à nos travaux,
s'est occupé d'une façon toute particulière
et toute paternelle de nos chers blessés et
leur a rendu de précieux services.

Encore quelques mots et j'ai fini. A la
fin de novembre 1870, le départ de nos
mobilisés étant sur le point de s'effectuer,
le Comité voulut s'associer aux sacrifices
déjà si grands de la municipalité. A l'aide
d'une nouvelle quête, nous pûmes offrir à
ces jeunes gens quelques vêtements capables de les préserver des rigueurs de l'hi-
ver et en envoyer, en même temps, une
quantité considérable à l'armée de la Loire,
qui comptait alors dans ses rangs l'un de
nos bataillons de mobiles.

Au mois de février suivant, alors que nos
hospitaliers voisins s'ingéniaient pour ve-
nir en aide à nos soldats prisonniers, nous
ne pouvions rester indifférents en présence
de ces misères immenses et des généreux
efforts faits pour les soulager. Nous fîmes
donc parvenir au Comité de Genève un don
de 100 francs.

Nous ne pouvions non plus oublier que
les francs-tireurs gannatois étaient au
nombre des malheureux réfugiés, et nous
adressâmes, à cette même époque, un secours
de 135 fr. à leur capitaine. Cette allocation
n'était en rapport ni avec notre grand dé-
sir d'être utiles à nos braves volontaires,
ni avec leurs pressants besoins ; toutefois,
ils y ont vu, sans doute, un témoignage
non équivoque de notre vive sympathie et
l'ont accueilli avec reconnaissance. Enfin,
nous avons envoyé à quatre jeunes gens

de Gannat, prisonniers en Prusse, une pe-
tite somme d'argent avec quelques mots
d'encouragement. Ce souvenir, venant du
pays natal a, nous le savons, fait battre les
cœurs de nos pauvres prisonniers et leur a
adouci, pour quelques instants du moins,
les douleurs de l'exil.

La guerre terminée, tout n'était pas
fini pour le Comité : de réelles souffrances
restaient à soulager. Nos fonds, que des
dons spontanés alimentaient sans cesse,
n'étant pas encore épuisés, nous avons
continué nos distributions hebdomadaires
jusqu'à la fin du mois dernier et c'est seulement, dans sa séance du 3 décembre dernier, que le Comité, considérant sa mission
comme terminée, a cessé ses fonctions.

Il fut décidé dans cette dernière réunion que quelques objets restés sans emploi seraient abandonnés à l'hôpital et à
l'orphelinat, et que cette assemblée générale serait convoquée pour entendre le
compte-rendu des travaux du Comité et
indiquer la destination à donner aux fonds
restés en caisse.

Enfin, sur la demande de notre trésorier, deux de nos membres furent dé-
signés pour vérifier et arrêter le compte
des recettes et des dépenses faites pour le
Comité et l'ambulance.

Cette vérification a eu lieu en détail et

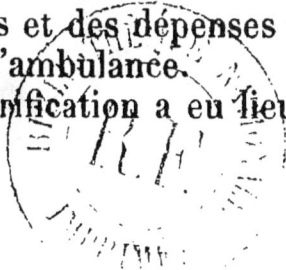

nous devons dire, à la louange de notre
zélé trésorier, que ses livres ont été reconnus
parfaitement exacts.

Voici, d'ailleurs, les gros chiffres de ce
double compte qui résumeront l'ensemble
de ce rapport.

Compte du Comité

Recettes		4.067 69
Dépenses ainsi réparties :		
Ports de lettres et envois d'argent	6 90	
Frais de transport des dons en nature	22 45	
Secours distribués aux familles des soldats	1.395 60	
Envoi au comité Flavigny	1.200 » »	
Envoi à l'ambulance bourbon^se .	500 » »	
Envoi au comité de Genève	100 » »	
Envoi aux francs-tireurs	135 » »	
Indemnité de route à des familles pauvres réfugiées à Gannat ou à des soldats de passage	62 50	
Tabac et cigares aux blessés de l'hôpital	7 85	
Barbes et réparations de chaussures	59 50	
Secours aux blessés de passage à la gare	13 » »	
Frais de publicité	19 » »	
	3521 80	3521 80
Reste en caisse		545 89

Compte de l'Ambulance

Recettes	3.284	19
Dépenses :		
Ports de caisses et droits d'octroi	44	20
Restait	3.239	99

Somme dont l'envoi a été fait au Comité de Moulins qui en a accusé réception.

(Si nos frais généraux ont été si minimes, nous le devons en grande partie à notre collègue, M. Daubourg, qui a bien voulu insérer gratuitement, dans le *Journal de Gannat*, toutes les communications et appels du Comité).

Notre Comité a donc reçu :

D'une part	4.067	69
Et de l'autre	3.284	19
C'est-à-dire en tout	7,351	88

Tels sont, Messieurs, les résultats de nos travaux.

Nous aurions voulu faire plus, mais le cercle restreint dans lequel nous avons dû nous mouvoir ne nous a pas permis de mettre à profit toute la bonne volonté et tout le dévouement dont nous nous sentions capables en faveur de notre malheureuse patrie.

GANNAT. — IMPRIMERIE DIDIER DAUBOURG.

www.ingramcontent.com/pod-product-compliance
Lightning Source LLC
Chambersburg PA
CBHW060817280326
41934CB00010B/2723